**CÍRCULO
DE POEMAS**

Sílex

Eliane Marques

*O ruído ascende até esse trono de quase ninguém
onde a beleza merece ser assim chamada.*

Georgina Herrera

0

*

qán
qán qán
qán qán qán
a serpente emplumada
qán qán qán

Ela
separa na língua sangue de saliva
e cospe

Ela
feitura da vida com espiga-milho-maíz
afanada às formigas

*

qán
descendendo ao submundo
arrasta em sílex
no umbigo
feito hieroglifo
incáctus
seis vezes trinta e cinco   ossos

alguidares de placentas ancestras

❋

qán
descendendo ao submundo
carrega em sílex intestino
feito litogrifo
secretas canjicas
entalhes de árvore-ceiba

*

qán qán
descendendo ao submundo
carreia em sílex consigo
sob sua barriga tolteca
a barrosa caligrafia
dos tempos

❋

qán qán qán
descendendo ao submundo
trouxe em amasijo
num furo de sua narina comprida   como a de um tapir
o medo tremundo
de que o sol
desnascesse

*

chove chuva
mas a plumagem emerenta
de ponta a ponto dos equinócios
de ponto à ponte das quebradas
angorosas
onde onça pintada se duplica
onde pisca onça parda
e num auê a caoba se faz
caô
caô
caoô

*

se enredou tanto no pescoço da cabaça
maíz corda de um pião
que pariu ibex capras

*

uma águia
com o rabo bifurcado
silhueta tesoureira calonada
      aluvião a plumagem das asas
sobre o entalhe da terra
calada

aquela que passeia com ela (em seu ombro)
jamais será deslembrada

*

as bochechas berrantes
                         mastigação da folha de coca
a encaradura com glóbulos entrecerrados
ao que parece
contemplação ritual do que não se sabe
sua cabeça quimbaya
                         bálsamo no leito dessa água

*

despregados para o lado
a prolongação das patas
a cola enroscada
de cobra dágua

                    sentida de costas
ao centro   a aragem arrasta o saco
dossum

                    os braços

*

os tendões teias
quando ainda peloduro
dissimulam carapaça
seus óleos a morte do sono

*

num banquinho
muito bem sentado
em amasijo
com sua pintura ocrenta na cara
orelheira narigueira até tornozeleira

                     o entulho de conchas perfuradas

*

tumbas fundas
uma ou mais câmaras
urnas
a casca em sua tampa   encarnada

                                      ruína o que for fosso

❉

se curvam com o pêndulo
das bolitas de marfim
que roleiam
feitio gato-do-mato-pequeno
óvulos recém-paridos

rastros ráfios
num cabecilê aquebrantado

glóbulos a penhorar
gamelas olorentas
o babujo jô de dentes brabos

issô só

❋

e fizeram água e criaram peixe
que ecoa caimã
dele fizeram terra deidade deitada sobre o mercado
fizeram poças dos olhos dela
de seus cabelos   árvores ervas

e ela não queria frutas
se não rociadas de sangue

atotô tocaram seus caracóis
lavaram lavaram lavaram
ê seus ossos
nove vezes ao redor de um assento de ágatas

*

dois colibris se detêm
na libação do néctar das conchas
em pleno voo

a lua não desseca penas
apenas dilata seu pesadumbre

❋

dois colibris se detêm
em pleno voo
na libação do néctar das conchas
um montão de conchas que com o oxê de sílex
ao meio

a lua não desseca as penas
apenas dilata

❉

limadura adarrum num pouco douro
entre os vãos das sombras
obinrin bebe leite
o leite da alvorada ela bebe de noite
o leite lavoura ela bebe ao meio
de manhã ela bebe
entre os vãos das anguás
seu cabelo cabacento
seu cabelo ceniza serpentilha
e bebemos ê bebemos

*

este colar   hum hum   um pelicano
as argolas da parte inferior do bico suspendem caracóis
que   um a um
o ourives lhe enfia goela abaixo

❉

a auréola a pétala que margeia o redondo
tudo evoca a coroa
totalmente dourada
pode ser tanto a flor como o sol
também um girassol
também a mandíbula da onça pintada com patas de ave
ou de ariranha
quem sabe?

*

lhe dá realce melhora seu ritmo
há muitas horas faz da poeira sua guarda
um esqueleto
ataviado com pluma orelheira peitoral
às palmas opostas parafinam uma flauta
em ouro
era que ordena refugos

*

telhado a duas águas ou canoa de alta proa
seja o que for
também tubaroa com sua dentição de milho branco

*

dos restos funéreos
a cadeira ornada
com o corpo de uma senhora   de poucas palavras
incisa em seu respaldo

toda água agora leito de rosas

*

a jarra dágua sobre a mesa
imita a redondeza da cabaça
onde Qán esconde
a estrela
que desnasce

*

rabo-felino asas-galinha
cara e esqueleto peixe-borboleta-limpador
curandeiras
                      agitando palmas de mariuô

*

dan
dan dan
dan dan dan
a serpente plumosa
outchou-marè   aidokouédo
arroboboi
arroboboi à serpente plumenta
dán dán dán

aholo bessém dokumi
seus excrementos transformam grãos de milho em búzios

II

*

cacarecos de galinha
também com cinco dedos cordéis
crudos sobre o peito
oxalários nanejam as tetas entelhadas
cabacejos
                                    silicados domolokun
que nana manda ao corte

os cinco dedos foram pouco inúteis
à coroa daquele   muito seco
      quando o cisco areiou os cílios dos monturos

de quitanda em quitanda

*

sossombra entre morgue e mangue
a manhã assim naneia
nãna e tola
feito domo que perfuma a miudeza
das antigas

e elas lábios de um pigmento negro   mais de um negro
                                                                    [àwọ dúdú
e elas lagos de mangas doces   atrás
moles no rastejo de suas babuches de a-lá
babando dum remanso
a nana neném **q**
das lalínguas

sombros o legado para os vivos
erreno buruquento que pimenta
o milho serventilha da comida

a nuca o cuspirá com os beiços
t.
t.
dê depois das onze

*

ao meio um muro a enda com duzentas edras
e mais uma
de buruquê
manhas cabaceiras que se embaraçam
quartzadas

galinha põe ovo e cocô pelo mesmo furo

*

bulbo e boldo
durame a queimada das medinas
se ajoelham   séquitas
suas faldas calcárias

de tronco a toco
saluba suas falas duraznas
a cada rebanho de cabras
brabas
sugando a teta

já resseca a ontura ainda babeja
no seu ombreio argilento
nanada

o que já não é mais deste erreno

*

uma moeda de réis
sua de todos os dias
que nascesse um baobá
ali

mas a cicatriz na ossatura
a triz na linha pirômaca

o trinque

*

sobre ervas daninhas no esquerdo pergaminho
até a distância dela   antes da parição das cabras bêbadas
                              [nunca se desviara
sentou-se anamburucu num ninguneo
o nome feio feito moranguinho que se esconde no céu da boca
mercado para a noite quando se diz *bom dia*
e no dia *boa noite* moça
com a cabeça tombada no colo pé com pé
o cheiro do leito o eiro do índigo em sua baba
os meses à nana nutriz
os meses-mansos à cerimônia da sorte
ao banquete em que arde o dendê da queda deslembrada
êpa êpa sua insistência fedida a fósforo
do pau às pedradas
a febre em que ardeu o arerê da aroeira seu erreno

*

um ordinário deserro – a baía
tem apenas lesmas
lama que rompe em brasas e desafia os dedos
a cutucá-las
será possível que esquecera seu ibiri na porta?

*

do suco do quarto dedo
rebusca a bendição quartzada
soledumbre a fratura as nuvens   mais altas
fosfina nas entranhas da manada

*

será possível que se esqueceu de abrir a porta?
certeza que não
se escondeu mole no quartzo
com seu chambre àwọ pupa ou escarlate
mandou madame sosostriz — célebre vidente desolada
mandou madame sosostriz avisar que desmaiara
devia é ter deixado um recado
nas cartas — um cão fica com o amo que o alimenta e guarda
adarrum adahum devíamos ter deduzido
de suas babuches trinta e quatro
seus passos lesmentos
mas que nada
mais que nãna nenê
nanadora bruquenta e siliciosa

*

mole o mangue
mango mormaço
lesmento
água parada que mata a cabra
      sem faca

❃

de volteio pra casa
sapateia de sapatos imales ao largo do lamaçal
a bem da verdade   se Inie lhe dá   ela toma
a bem da verdade   sente que foi arrastada
pelos pés duraznos das antepassadas

golpe de um ressentimento
duplamente barroso
tanto quanto duvidoso
okê lamento

mas por quais antepassadas veio?

*

sementes fritas de melão com quiabo
descambam no adunco da língua
em sua recusa ao relógio
lunário
         as comidas más matam antes que o cemitério
espécie em armadura-lâmpada
que dá goela
melhor então um veto à goteira
         antes que todo seu óleo se vá (de retro)

pobre madamm   cobertura de amuletos ela
ela mal consegue um ora aye yê ooooooo
um ora aye yê ooooooo
         indisposta de repente
um eu não-não em nove mercados
merda em sua sementeira salpicada
de amarelo
despida do modo mais infante
contra o avesso de um digi

*

apascentar o couro a corda
à devoção de todo sangue
à boca de mundo insone

pergunte-se a elegbará
se descarregou suas nádegas
na soleira daquela porta

pergunte-se a bará
se saiu acocorado
murmurando maldições
tropeçando na cabaça

e agora a cabeça laminaria
feita pra nem carrego de facas
emboleia o pano encardo
prematuro
açodado a suas pernas

um modo de lamber cada ocaso
a dose rarefeita entornada
cei-a
bem demais

*

foi nana quem entornou a bebida naquele fim de
madrugada
em que a deidade do pássaro empedrado
um tal manoel   da serra de tapes
                        manquitolava
encharqueado até as moscas
costura kaô de seus maltrapos calhambos

*

[com] folhas de plátanos apanhadas à enxada
[com] fios de barbantes apertados às vassouras
[com] golpes abaixo da linha da cintura
                                        bem nos rins
[com] conchas marinhas nas narinas narigueiras e trampas
[com] ossadas sem o tumulto dos túmulos ou vinganças
[com] restos de lâminas laminarias orelheiras
[com] fiascos e vergonhas com cheiro de bergamota

o cômputo dos destroços termina nunca

*

escavocar as ossadas
de parente à parede
sempre falta
ainda que se busque o inteiro

esse o mapa
carimbo burocrático nas gavetas
naninha do busto fóssil

*

para trairse
parakimoméne constrói sobras de troços atotolado num
                              [toco no meio do pátio
de quatro séculos atrás
são da categoria excremento
valem um pouco mais que amuleto   isso de chacoalhar
                                                [os pés
aqueles que num passe virulento num aléé grosseiro
                                        [viraram ouro em pó
num dos cantos do quarto de afluxo orunmilário
onde ninguém virado
quis pisotear

*

pelo vento alísio
aves vão
e caindo
empapadas pela areia
espumam o entre da era
laminaria outra vez

*

uma goela de galo
pascienta seu nascimento
madrugadas sem trololó
que se arrastam feito esma

*

difícil imaginar que tudo
foi comido
vez que a língua contínua
continua lambendo

❋

o récade
plantado no transe
dá passagem em sua queda
pouco importa
uma máscara goli
contra o muro caiado
por que a água tranquila quase matou

do olho
do tambor lê
do punhal
a madeira

tanto pior
que antes do carneiro
tenha comido fogo

*

que uma fileira
de formigas vermelhas
saídas do sulco   carrega
nos costados
para seu próprio buraqueiro

uiva   (não mais que as melhores cabeças de sua geração)
tronco de baobá ou contraforte de gameleira

uma caçadora jamais abandona os venenos

*

nãna neném a missa da cabaça
âmbar e babujo o milho a migalha
au bout du petit matin
no fim da madrugada
quando a morte
uma só erva
do mato

*

desfiaram pérolas
se aquietando lá   no bucho milheiro das galinhas
onde — loquaz em seu sargaço —
lambem as folhas que sobem

com suas ínguas de corte

*

criadora do opaco
raptora opala
fendida na multidão de mãos fundidas
a palma intacta rugosa

seus dedos ventos
agora ráfias
inalcançáveis até pelas ovelhas

*

as pérolas presas nos ossários
refugiadas na medula
internas às cartilagens

*

e fizeram água e forjaram peixe-espátula
à míngua dos caimãs
ê alafiaram terra deidade deitada sobre o pescado
ibás dos ombros dela
de seus cabelos águidas

e ela não comia amoras
se não rociadas de sangue
 a termo a morte que lhe fiaram

e socavaram seus caracóis
lavaram
lavaram
ensaboaram muito emboabas

e okotôs suas fíbulas róseas
ê todotransmutante pedernal
nove ao redomo do assento ágata
ê

*

então
no ano do sol seis vezes cinquenta e quatro
a ancestra
envolta em papel (de pão) almaço
mundos sob o sovaco
o braço esquerdo palhosca
serpentina trançada
os dedos
lovelha no mariuô de sua mão novelo

Copyright © 2025 Eliane Marques

Todos os direitos reservados. Nenhuma parte desta obra pode ser reproduzida, arquivada ou transmitida de nenhuma forma ou por nenhum meio sem a permissão expressa e por escrito da Editora Fósforo.

DIREÇÃO EDITORIAL Fernanda Diamant e Rita Mattar
COORDENAÇÃO DA COLEÇÃO E EDIÇÃO Tarso de Melo
COORDENAÇÃO EDITORIAL Juliana de A. Rodrigues
ASSISTENTE EDITORIAL Rodrigo Sampaio
REVISÃO Renato Ritto
DIRETORA DE ARTE Julia Monteiro
PROJETO GRÁFICO Alles Blau
EDITORAÇÃO ELETRÔNICA Página Viva

A marca FSC® é a garantia de que a madeira utilizada na fabricação do papel deste livro provém de florestas gerenciadas de maneira ambientalmente correta, socialmente justa e economicamente viável e de outras fontes de origem controlada.

CIP-BRASIL. CATALOGAÇÃO NA PUBLICAÇÃO
SINDICATO NACIONAL DOS EDITORES DE LIVROS, RJ

M316s

Marques, Eliane, 1970-
  Sílex / Eliane Marques. — 1. ed. — São Paulo : Círculo de
Poemas, 2025.

  ISBN: 978-65-6139-057-6

  1. Poesia brasileira. I. Título.

24-95126

CDD: 869.1
CDU: 82-1(81)

Meri Gleice Rodrigues de Souza — Bibliotecária — CRB-7/6439

circulodepoemas.com.br
fosforoeditora.com.br

Editora Fósforo
Rua 24 de Maio, 270/276, 10º andar
01041-001 — São Paulo/SP — Brasil

CÍRCULO DE POEMAS

O **Círculo de Poemas** é a coleção de poesia da Editora Fósforo que também funciona como clube de assinaturas. Seu catálogo é composto por grandes autores brasileiros e estrangeiros, contemporâneos e clássicos, além de novas vozes e resgates de obras importantes. Os assinantes do clube recebem dois livros por mês — e dão um apoio fundamental para a coleção. Veja nossos últimos lançamentos:

LIVROS

Cantos à beira-mar e outros poemas. Maria Firmina dos Reis.
Poema do desaparecimento. Laura Liuzzi.
Cancioneiro geral [1962-2023]. José Carlos Capinan.
Geografia íntima do deserto e outras paisagens reunidas. Micheliny Verunschk.
Quadril & Queda. Bianca Gonçalves.
A água veio do Sol, disse o breu. Marcelo Ariel.
Poemas em coletânea. Jon Fosse (trad. Leonardo Pinto Silva).
Destinatário desconhecido: uma antologia poética (1957-2023). Hans Magnus Enzensberger (trad. Daniel Arelli).
O dia. Mailson Furtado.
O Kit de Sobrevivência do Descobridor Português no Mundo Anticolonial. Patrícia Lino.
Se o mundo e o amor fossem jovens. Stephen Sexton (trad. Ana Guadalupe).
Quimera. Prisca Agustoni

PLAQUETES

Cardumes de borboletas: quatro poetas brasileiras do século XIX. Ana Rüsche e Lubi Prates (orgs.).
A superfície dos dias: o poema como modo de perceber. Luiza Leite.
cova profunda é a boca das mulheres estranhas. Mar Becker.
Ranho e sanha. Guilherme Gontijo Flores.
Palavra nenhuma. Lilian Sais.
blue dream. Sabrinna Alento Mourão.
E depois também. João Bandeira.
Soneto, a exceção à regra. André Capilé e Paulo Henriques Britto.
Infierninho. Natasha Felix.
Cacto na boca. Gianni Gianni.
O clarão das frestas: dez lições de haicai encontradas na rua. Felipe Moreno.
Mostra monstra. Angélica Freitas

Para conhecer a coleção completa, assinar o clube e doar uma assinatura, acesse:
www.circulodepoemas.com.br

**CÍRCULO
DE POEMAS**

Este livro foi composto em GT Alpina e
GT Flexa e impresso pela gráfica Ipsis
em dezembro de 2024. A língua contínua
continua lambendo.